TRANZLATY

Language is for everyone

Jazyk je pro každého

Beauty and the Beast

Kráska a Zvíře

Gabrielle-Suzanne Barbot de Villeneuve

English / Čeština

Copyright © 2025 Tranzlaty
All rights reserved
Published by Tranzlaty
ISBN: 978-1-83566-969-3
Original text by Gabrielle-Suzanne Barbot de Villeneuve
La Belle et la Bête
First published in French in 1740
Taken from The Blue Fairy Book (Andrew Lang)
Illustration by Walter Crane
www.tranzlaty.com

There was once a rich merchant
Byl jednou jeden bohatý kupec
this rich merchant had six children
tento bohatý obchodník měl šest dětí
he had three sons and three daughters
měl tři syny a tři dcery
he spared no cost for their education
nešetřil náklady na jejich vzdělání
because he was a man of sense
protože to byl rozumný muž
but he gave his children many servants
ale svým dětem dal mnoho služebníků
his daughters were extremely pretty
jeho dcery byly nesmírně krásné
and his youngest daughter was especially pretty
a jeho nejmladší dcera byla obzvlášť hezká
as a child her Beauty was already admired
už jako dítě byla její krása obdivována
and the people called her by her Beauty
a lidé ji nazývali podle její krásy
her Beauty did not fade as she got older
její krása se s přibývajícím věkem nevytratila
so the people kept calling her by her Beauty
tak ji lidé neustále nazývali její krásou
this made her sisters very jealous
to způsobilo, že její sestry velmi žárlily
the two eldest daughters had a great deal of pride
dvě nejstarší dcery byly velmi hrdé
their wealth was the source of their pride
jejich bohatství bylo zdrojem jejich hrdosti
and they didn't hide their pride either
a ani oni neskrývali svou hrdost
they did not visit other merchants' daughters
nenavštěvovali dcery jiných obchodníků
because they only meet with aristocracy
protože se setkávají pouze s aristokracií

they went out every day to parties
chodili každý den na večírky
balls, plays, concerts, and so forth
plesy, hry, koncerty a tak dále
and they laughed at their youngest sister
a smáli se své nejmladší sestře
because she spent most of her time reading
protože většinu času trávila čtením
it was well known that they were wealthy
bylo dobře známo, že jsou bohatí
so several eminent merchants asked for their hand
tak je několik významných obchodníků požádalo o ruku
but they said they were not going to marry
ale řekli, že se nebudou brát
but they were prepared to make some exceptions
ale byli připraveni udělat nějaké výjimky
"perhaps I could marry a Duke"
„Možná bych si mohl vzít vévodu"
"I guess I could marry an Earl"
"Myslím, že bych si mohla vzít hraběte"
Beauty very civilly thanked those that proposed to her
kráska velmi zdvořile poděkovala těm, kteří ji požádali o ruku
she told them she was still too young to marry
řekla jim, že je ještě příliš mladá na to, aby se vdala
she wanted to stay a few more years with her father
chtěla ještě pár let zůstat se svým otcem
All at once the merchant lost his fortune
Obchodník najednou přišel o své jmění
he lost everything apart from a small country house
přišel o všechno kromě malého venkovského domu
and he told his children with tears in his eyes:
a řekl svým dětem se slzami v očích:
"we must go to the countryside"
"musíme jít na venkov"
"and we must work for our living"
"a my musíme pracovat pro naše živobytí"

the two eldest daughters didn't want to leave the town
dvě nejstarší dcery nechtěly opustit město
they had several lovers in the city
měli ve městě několik milenců
and they were sure one of their lovers would marry them
a byli si jisti, že si je jeden z jejich milenců vezme
they thought their lovers would marry them even with no fortune
mysleli si, že si je jejich milenci vezmou i bez jmění
but the good ladies were mistaken
ale dobré dámy se mýlily
their lovers abandoned them very quickly
jejich milenci je velmi rychle opustili
because they had no fortunes any more
protože už neměli žádné jmění
this showed they were not actually well liked
to ukázalo, že nebyli ve skutečnosti příliš oblíbení
everybody said they do not deserve to be pitied
všichni říkali, že si nezaslouží být litováni
"we are glad to see their pride humbled"
"jsme rádi, že vidíme pokořenou jejich hrdost"
"let them be proud of milking cows"
"ať jsou hrdí na dojení krav"
but they were concerned for Beauty
ale šlo jim o krásu
she was such a sweet creature
byla tak milé stvoření
she spoke so kindly to poor people
mluvila tak laskavě k chudým lidem
and she was of such an innocent nature
a byla tak nevinné povahy
Several gentlemen would have married her
Několik pánů by si ji vzalo
they would have married her even though she was poor
vzali by si ji, i když byla chudá
but she told them she couldn't marry them

ale řekla jim, že si je nemůže vzít
because she would not leave her father
protože svého otce neopustí
she was determined to go with him to the countryside
byla odhodlaná jít s ním na venkov
so that she could comfort and help him
aby ho mohla utěšit a pomoci
Poor Beauty was very grieved at first
Ubohá kráska byla zpočátku velmi zarmoucená
she was grieved by the loss of her fortune
byla zarmoucena ztrátou svého jmění
"but crying won't change my fortunes"
"ale pláč nezmění mé štěstí"
"I must try to make myself happy without wealth"
"Musím se snažit být šťastný bez bohatství"
they came to their country house
přišli do svého venkovského domu
and the merchant and his three sons applied themselves to husbandry
a obchodník a jeho tři synové se věnovali hospodaření
Beauty rose at four in the morning
krása vstávala ve čtyři ráno
and she hurried to clean the house
a spěchala uklidit dům
and she made sure dinner was ready
a ujistila se, že večeře je hotová
in the beginning she found her new life very difficult
na začátku měla svůj nový život velmi těžký
because she had not been used to such work
protože na takovou práci nebyla zvyklá
but in less than two months she grew stronger
ale za necelé dva měsíce zesílila
and she was healthier than ever before
a byla zdravější než kdykoli předtím
after she had done her work she read
poté, co udělala svou práci, četla

she played on the harpsichord
hrála na cembalo
or she sung whilst she spun silk
nebo zpívala, když předla hedvábí
on the contrary, her two sisters did not know how to spend their time
naopak její dvě sestry nevěděly, jak trávit čas
they got up at ten and did nothing but laze about all day
vstávali v deset a celý den nedělali nic jiného než lenošení
they lamented the loss of their fine clothes
naříkali nad ztrátou svých krásných šatů
and they complained about losing their acquaintances
a stěžovali si na ztrátu svých známých
"Have a look at our youngest sister," they said to each other
"Podívejte se na naši nejmladší sestru," řekli si
"what a poor and stupid creature she is"
"jaké ubohé a hloupé stvoření to je"
"it is mean to be content with so little"
"Je podlé spokojit se s tak málo"
the kind merchant was of quite a different opinion
ten druh obchodníka byl zcela jiného názoru
he knew very well that Beauty outshone her sisters
dobře věděl, že krása převyšuje její sestry
she outshone them in character as well as mind
převyšovala je charakterem i myslí
he admired her humility and her hard work
obdivoval její pokoru a tvrdou práci
but most of all he admired her patience
ale nejvíc ze všeho obdivoval její trpělivost
her sisters left her all the work to do
její sestry jí nechaly veškerou práci
and they insulted her every moment
a každou chvíli ji uráželi
The family had lived like this for about a year
Rodina takto žila asi rok
then the merchant got a letter from an accountant

pak obchodník dostal dopis od účetního
he had an investment in a ship
měl investici do lodi
and the ship had safely arrived
a loď bezpečně dorazila
this news turned the heads of the two eldest daughters
Tato zpráva obrátila hlavy dvou nejstarších dcer
they immediately had hopes of returning to town
okamžitě měli naději na návrat do města
because they were quite weary of country life
protože byli dost unavení venkovským životem
they went to their father as he was leaving
šli k otci, když odcházel
they begged him to buy them new clothes
prosili ho, aby jim koupil nové šaty
dresses, ribbons, and all sorts of little things
šaty, stuhy a všechny možné drobnosti
but Beauty asked for nothing
ale krása si nic nepřála
because she thought the money wasn't going to be enough
protože si myslela, že peníze nebudou stačit
there wouldn't be enough to buy everything her sisters wanted
nebylo by dost na to, aby si koupila všechno, co její sestry chtěly
"What would you like, Beauty?" asked her father
"Co bys chtěla, krásko?" zeptal se její otec
"thank you, father, for the goodness to think of me," she said
"Děkuji ti, otče, za to, že jsi na mě myslel," řekla
"father, be so kind as to bring me a rose"
"Otče, buď tak laskav a přines mi růži"
"because no roses grow here in the garden"
"Protože tady v zahradě žádné růže nerostou"
"and roses are a kind of rarity"
"a růže jsou druh vzácnosti"
Beauty didn't really care for roses

kráska se o růže opravdu nestarala
she only asked for something not to condemn her sisters
požádala jen o něco, aby neodsoudila své sestry
but her sisters thought she asked for roses for other reasons
ale její sestry si myslely, že žádá o růže z jiných důvodů
"she did it just to look particular"
"udělala to jen proto, aby vypadala zvlášť"
The kind man went on his journey
Laskavý muž se vydal na cestu
but when he arrived they argued about the merchandise
ale když dorazil, dohadovali se o zboží
and after a lot of trouble he came back as poor as before
a po mnoha potížích se vrátil stejně chudý jako předtím
he was within a couple of hours of his own house
byl během několika hodin od svého domu
and he already imagined the joy of seeing his children
a už si představoval tu radost, že vidí své děti
but when going through forest he got lost
ale když šel lesem, ztratil se
it rained and snowed terribly
strašně pršelo a sněžilo
the wind was so strong it threw him off his horse
vítr byl tak silný, že ho shodil z koně
and night was coming quickly
a noc se rychle blížila
he began to think that he might starve
začal si myslet, že by mohl hladovět
and he thought that he might freeze to death
a myslel si, že by mohl umrznout k smrti
and he thought wolves may eat him
a myslel si, že ho mohou sežrat vlci
the wolves that he heard howling all round him
vlci, které slyšel vytí všude kolem sebe
but all of a sudden he saw a light
ale najednou uviděl světlo
he saw the light at a distance through the trees

viděl světlo v dálce mezi stromy
when he got closer he saw the light was a palace
když se přiblížil, viděl, že světlo je palác
the palace was illuminated from top to bottom
palác byl osvětlen shora dolů
the merchant thanked God for his luck
obchodník děkoval Bohu za štěstí
and he hurried to the palace
a spěchal do paláce
but he was surprised to see no people in the palace
ale překvapilo ho, že v paláci neviděl žádné lidi
the court yard was completely empty
dvůr byl úplně prázdný
and there was no sign of life anywhere
a nikde nebylo ani stopy po životě
his horse followed him into the palace
jeho kůň ho následoval do paláce
and then his horse found large stable
a pak jeho kůň našel velkou stáj
the poor animal was almost famished
ubohé zvíře téměř vyhladovělo
so his horse went in to find hay and oats
tak jeho kůň šel najít seno a oves
fortunately he found plenty to eat
naštěstí našel spoustu jídla
and the merchant tied his horse up to the manger
a kupec přivázal koně k jesličkám
walking towards the house he saw no one
když šel k domu, nikoho neviděl
but in a large hall he found a good fire
ale ve velkém sále našel dobrý oheň
and he found a table set for one
a našel stůl pro jednoho
he was wet from the rain and snow
byl mokrý od deště a sněhu
so he went near the fire to dry himself

tak se přiblížil k ohni, aby se osušil
"I hope the master of the house will excuse me"
"Doufám, že mě pán domu omluví."
"I suppose it won't take long for someone to appear"
"Předpokládám, že to nebude trvat dlouho, než se někdo objeví."
He waited a considerable time
Čekal značnou dobu
he waited until it struck eleven, and still nobody came
čekal, až udeří jedenáctá, a stále nikdo nepřicházel
at last he was so hungry that he could wait no longer
konečně měl takový hlad, že už nemohl čekat
he took some chicken and ate it in two mouthfuls
vzal si kuře a snědl ho po dvou soustech
he was trembling while eating the food
při jídle se třásl
after this he drank a few glasses of wine
poté vypil několik sklenic vína
growing more courageous he went out of the hall
čím dál odvážnější vyšel ze sálu
and he crossed through several grand halls
a prošel několika velkými síněmi
he walked through the palace until he came into a chamber
prošel palácem, až vešel do komnaty
a chamber which had an exceeding good bed in it
komora, která měla v sobě mimořádně dobrou postel
he was very much fatigued from his ordeal
byl ze svého utrpení velmi unavený
and the time was already past midnight
a čas už byl po půlnoci
so he decided it was best to shut the door
tak se rozhodl, že bude nejlepší zavřít dveře
and he concluded he should go to bed
a usoudil, že by měl jít spát
It was ten in the morning when the merchant woke up
Bylo deset hodin ráno, když se obchodník probudil

just as he was going to rise he saw something
právě když se chystal vstát, něco uviděl
he was astonished to see a clean set of clothes
byl ohromen, když viděl čisté oblečení
in the place where he had left his dirty clothes
na místě, kde nechal své špinavé oblečení
"certainly this palace belongs to some kind fairy"
"určitě tento palác patří nějaké laskavé víle"
"a fairy who has seen and pitied me"
" Víla , která mě viděla a litovala mě"
he looked through a window
podíval se oknem
but instead of snow he saw the most delightful garden
ale místo sněhu viděl tu nejkrásnější zahradu
and in the garden were the most beautiful roses
a v zahradě byly ty nejkrásnější růže
he then returned to the great hall
pak se vrátil do velkého sálu
the hall where he had had soup the night before
sál, kde měl předešlou noc polévku
and he found some chocolate on a little table
a na malém stolku našel trochu čokolády
"Thank you, good Madam Fairy," he said aloud
"Děkuji, dobrá madam Fairy," řekl nahlas
"thank you for being so caring"
"děkuji, že se tak staráš"
"I am extremely obliged to you for all your favours"
"Jsem vám nesmírně zavázán za veškerou vaši přízeň"
the kind man drank his chocolate
laskavý muž vypil svou čokoládu
and then he went to look for his horse
a pak šel hledat svého koně
but in the garden he remembered Beauty's request
ale v zahradě si vzpomněl na prosbu krásy
and he cut off a branch of roses
a uřízl větev růží

immediately he heard a great noise
okamžitě uslyšel velký hluk
and he saw a terribly frightful Beast
a uviděl strašně děsivé zvíře
he was so scared that he was ready to faint
byl tak vyděšený, že byl připraven omdlít
"You are very ungrateful," said the Beast to him
"Jsi velmi nevděčný," řeklo mu zvíře
and the Beast spoke in a terrible voice
a šelma promluvila hrozným hlasem
"I have saved your life by allowing you into my castle"
"Zachránil jsem ti život tím, že jsem tě dovolil do svého hradu."
"and for this you steal my roses in return?"
"a za to mi na oplátku kradeš růže?"
"The roses which I value beyond anything"
"Růže, kterých si cením nade vše"
"but you shall die for what you've done"
"ale zemřeš za to, co jsi udělal"
"I give you but a quarter of an hour to prepare yourself"
"Dávám ti čtvrt hodiny na přípravu."
"get yourself ready for death and say your prayers"
"připrav se na smrt a řekni své modlitby"
the merchant fell on his knees
obchodník padl na kolena
and he lifted up both his hands
a zvedl obě ruce
"My lord, I beseech you to forgive me"
"Můj pane, prosím tě, odpusť mi"
"I had no intention of offending you"
"Neměl jsem v úmyslu tě urazit"
"I gathered a rose for one of my daughters"
"Sbíral jsem růži pro jednu ze svých dcer"
"she asked me to bring her a rose"
"požádala mě, abych jí přinesl růži"
"I am not your lord, but I am a Beast," replied the monster

"Nejsem tvůj pán, ale jsem zvíře," odpovědělo monstrum
"I don't love compliments"
"Nemám rád komplimenty"
"I like people who speak as they think"
"Mám rád lidi, kteří mluví, jak myslí"
"do not imagine I can be moved by flattery"
"Nepředstavujte si, že mě mohou pohnout lichotkami"
"But you say you have got daughters"
"Ale říkáš, že máš dcery"
"I will forgive you on one condition"
"Odpustím ti pod jednou podmínkou"
"one of your daughters must come to my palace willingly"
"jedna z tvých dcer musí dobrovolně přijít do mého paláce"
"and she must suffer for you"
"a ona musí trpět pro tebe"
"Let me have your word"
"Dej mi své slovo"
"and then you can go about your business"
"a pak se můžeš věnovat své práci"
"Promise me this:"
"Slib mi toto:"
"if your daughter refuses to die for you, you must return within three months"
"Pokud vaše dcera odmítne pro vás zemřít, musíte se vrátit do tří měsíců."
the merchant had no intentions to sacrifice his daughters
obchodník neměl v úmyslu obětovat své dcery
but, since he was given time, he wanted to see his daughters once more
ale protože dostal čas, chtěl své dcery ještě jednou vidět
so he promised he would return
tak slíbil, že se vrátí
and the Beast told him he might set out when he pleased
a šelma mu řekla, že může vyrazit, až bude chtít
and the Beast told him one more thing
a šelma mu řekla ještě jednu věc

"you shall not depart empty handed"
"neodjedeš s prázdnou"
"go back to the room where you lay"
"Vrať se do pokoje, kde jsi ležel"
"you will see a great empty treasure chest"
"uvidíte velkou prázdnou truhlu s pokladem"
"fill the treasure chest with whatever you like best"
"naplňte truhlu s pokladem tím, co máte nejraději"
"and I will send the treasure chest to your home"
"a pošlu pokladničku k tobě domů"
and at the same time the Beast withdrew
a zároveň se bestie stáhla
"Well," said the good man to himself
"No," řekl si ten dobrý muž
"if I must die, I shall at least leave something to my children"
"Pokud musím zemřít, zanechám alespoň něco svým dětem"
so he returned to the bedchamber
tak se vrátil do ložnice
and he found a great many pieces of gold
a našel velké množství zlata
he filled the treasure chest the Beast had mentioned
naplnil truhlu s pokladem, o které se zmiňovalo zvíře
and he took his horse out of the stable
a vyvedl svého koně ze stáje
the joy he felt when entering the palace was now equal to the grief he felt leaving it
radost, kterou cítil, když vstoupil do paláce, se nyní rovnala smutku, který cítil při odchodu z paláce
the horse took one of the roads of the forest
kůň se vydal jednou z lesních cest
and in a few hours the good man was home
a za pár hodin byl dobrý muž doma
his children came to him
přišly k němu jeho děti
but instead of receiving their embraces with pleasure, he

looked at them
ale místo toho, aby s potěšením přijal jejich objetí, podíval se na ně
he held up the branch he had in his hands
zvedl větev, kterou měl v rukou
and then he burst into tears
a pak propukl v pláč
"Beauty," he said, "please take these roses"
"krása," řekl, "vezmi si prosím ty růže"
"you can't know how costly these roses have been"
"Nemůžeš vědět, jak drahé ty růže byly"
"these roses have cost your father his life"
"tyto růže stály tvého otce život"
and then he told of his fatal adventure
a pak vyprávěl o svém osudném dobrodružství
immediately the two eldest sisters cried out
okamžitě vykřikly dvě nejstarší sestry
and they said many mean things to their beautiful sister
a své krásné sestře řekli mnoho podlých věcí
but Beauty did not cry at all
ale krása vůbec neplakala
"Look at the pride of that little wretch," said they
"Podívejte se na hrdost toho malého ubožáka," řekli
"she did not ask for fine clothes"
"nežádala o pěkné oblečení"
"she should have done what we did"
"měla udělat to, co my"
"she wanted to distinguish herself"
"chtěla se odlišit"
"so now she will be the death of our father"
"takže ona bude smrtí našeho otce"
"and yet she does not shed a tear"
"a přesto neronila slzu"
"Why should I cry?" answered Beauty
"Proč bych měl plakat?" odpověděl krása
"crying would be very needless"

"plakat by bylo velmi zbytečné"
"my father will not suffer for me"
"Můj otec pro mě nebude trpět"
"the monster will accept of one of his daughters"
"monstrum přijme jednu ze svých dcer"
"I will offer myself up to all his fury"
"Nabídnu se celé jeho zuřivosti"
"I am very happy, because my death will save my father's life"
"Jsem velmi šťastný, protože moje smrt zachrání život mého otce."
"my death will be a proof of my love"
"Moje smrt bude důkazem mé lásky"
"No, sister," said her three brothers
"Ne, sestro," řekli její tři bratři
"that shall not be"
"to nebude"
"we will go find the monster"
"Půjdeme najít monstrum"
"and either we will kill him..."
"A buď ho zabijeme..."
"... or we will perish in the attempt"
"... nebo při tom pokusu zahyneme"
"Do not imagine any such thing, my sons," said the merchant
"Nic takového si nepředstavujte, moji synové," řekl obchodník
"the Beast's power is so great that I have no hope you could overcome him"
"Síla toho zvířete je tak velká, že nemám naději, že bys ho mohl překonat."
"I am charmed with Beauty's kind and generous offer"
"Jsem okouzlen laskavou a velkorysou nabídkou krásy"
"but I cannot accept to her generosity"
"ale nemohu přijmout její štědrost"
"I am old, and I don't have long to live"
"Jsem starý a už mi nebude dlouho žít"
"so I can only loose a few years"

"takže můžu ztratit jen pár let"
"time which I regret for you, my dear children"
"čas, kterého pro vás lituji, mé drahé děti"
"But father," said Beauty
"Ale tati," řekla kráska
"you shall not go to the palace without me"
"beze mě nepůjdeš do paláce"
"you cannot stop me from following you"
"nemůžeš mi zabránit, abych tě sledoval"
nothing could convince Beauty otherwise
nic nemohlo přesvědčit krásu jinak
she insisted on going to the fine palace
trvala na tom, že půjde do nádherného paláce
and her sisters were delighted at her insistence
a její sestry byly potěšeny jejím naléháním
The merchant was worried at the thought of losing his daughter
Obchodník byl znepokojen pomyšlením, že ztratí svou dceru
he was so worried that he had forgotten about the chest full of gold
měl takové starosti, že zapomněl na truhlu plnou zlata
at night he retired to rest, and he shut his chamber door
v noci se uchýlil k odpočinku a zavřel dveře své komnaty
then, to his great astonishment, he found the treasure by his bedside
pak ke svému velkému úžasu našel poklad u své postele
he was determined not to tell his children
byl rozhodnutý, že to svým dětem neřekne
if they knew, they would have wanted to return to town
kdyby to věděli, chtěli by se vrátit do města
and he was resolved not to leave the countryside
a rozhodl se neopustit venkov
but he trusted Beauty with the secret
ale svěřil kráse s tajemstvím
she informed him that two gentlemen had came
oznámila mu, že přišli dva pánové

and they made proposals to her sisters
a předkládaly návrhy jejím sestrám
she begged her father to consent to their marriage
prosila svého otce, aby souhlasil s jejich sňatkem
and she asked him to give them some of his fortune
a požádala ho, aby jim dal část svého jmění
she had already forgiven them
už jim odpustila
the wicked creatures rubbed their eyes with onions
zlí tvorové si třeli oči cibulí
to force some tears when they parted with their sister
vynutit si slzy, když se loučili se svou sestrou
but her brothers really were concerned
ale její bratři měli opravdu obavy
Beauty was the only one who did not shed any tears
kráska jediná neronila slzy
she did not want to increase their uneasiness
nechtěla zvyšovat jejich neklid
the horse took the direct road to the palace
kůň se vydal přímou cestou do paláce
and towards evening they saw the illuminated palace
a k večeru spatřili osvětlený palác
the horse took himself into the stable again
kůň se znovu zavedl do stáje
and the good man and his daughter went into the great hall
a dobrý muž a jeho dcera šli do velké síně
here they found a table splendidly served up
zde našli skvěle naservírovaný stůl
the merchant had no appetite to eat
obchodník neměl chuť k jídlu
but Beauty endeavoured to appear cheerful
ale kráska se snažila působit vesele
she sat down at the table and helped her father
posadila se ke stolu a pomohla otci
but she also thought to herself:
ale také si pomyslela:

"Beast surely wants to fatten me before he eats me"
"zvíře mě určitě chce vykrmit, než mě sežere"
"that is why he provides such plentiful entertainment"
"proto poskytuje tak bohatou zábavu"
after they had eaten they heard a great noise
když se najedli, uslyšeli velký hluk
and the merchant bid his unfortunate child farewell, with tears in his eyes
a obchodník se se slzami v očích rozloučil se svým nešťastným dítětem
because he knew the Beast was coming
protože věděl, že bestie přichází
Beauty was terrified at his horrid form
kráska se děsila jeho příšerné podoby
but she took courage as well as she could
ale sebrala odvahu, jak jen mohla
and the monster asked her if she came willingly
a netvor se jí zeptal, jestli přišla dobrovolně
"yes, I have come willingly," she said trembling
"Ano, přišla jsem dobrovolně," řekla třesoucí se
the Beast responded, "You are very good"
zvíře odpovědělo: "Jsi velmi dobrý"
"and I am greatly obliged to you; honest man"
"A jsem ti velmi zavázán, čestný člověče"
"go your ways tomorrow morning"
"jdi svou cestou zítra ráno"
"but never think of coming here again"
"ale nikdy nepřemýšlej, že sem znovu přijdu"
"Farewell Beauty, farewell Beast," he answered
"Sbohem krásko, sbohem zvíře," odpověděl
and immediately the monster withdrew
a netvor se okamžitě stáhl
"Oh, daughter," said the merchant
"Ach, dcero," řekl obchodník
and he embraced his daughter once more
a ještě jednou objal svou dceru

"I am almost frightened to death"
"Jsem skoro k smrti vyděšený"
"believe me, you had better go back"
"Věř mi, radši se vrať."
"let me stay here, instead of you"
"nech mě zůstat tady místo tebe"
"No, father," said Beauty, in a resolute tone
"Ne, otče," řekla kráska rozhodným tónem
"you shall set out tomorrow morning"
"vyrazíš zítra ráno"
"leave me to the care and protection of providence"
"Přenech mě péči a ochraně prozřetelnosti"
nonetheless they went to bed
přesto šli spát
they thought they would not close their eyes all night
mysleli si, že celou noc nezamhouří oči
but just as they lay down they slept
ale když si lehli, spali
Beauty dreamed a fine lady came and said to her:
kráska snila, že přišla krásná dáma a řekla jí:
"I am content, Beauty, with your good will"
"Jsem spokojen, krásko, s tvou dobrou vůlí"
"this good action of yours shall not go unrewarded"
"tento tvůj dobrý čin nezůstane bez odměny"
Beauty waked and told her father her dream
kráska se probudila a řekla otci svůj sen
the dream helped to comfort him a little
sen ho trochu utěšil
but he could not help crying bitterly as he was leaving
ale nemohl se ubránit hořkému pláči, když odcházel
as soon as he was gone, Beauty sat down in the great hall and cried too
jakmile byl pryč, kráska se posadila do velkého sálu a rozplakala se také
but she resolved not to be uneasy
ale rozhodla se, že nebude neklidná

she decided to be strong for the little time she had left to live
rozhodla se být silná na tu krátkou dobu, která jí zbývala do života
because she firmly believed the Beast would eat her
protože pevně věřila, že ji bestie sežere
however, she thought she might as well explore the palace
myslela si však, že by mohla prozkoumat i palác
and she wanted to view the fine castle
a chtěla si prohlédnout krásný zámek
a castle which she could not help admiring
hrad, který nemohla neobdivovat
it was a delightfully pleasant palace
byl to nádherně příjemný palác
and she was extremely surprised at seeing a door
a byla nesmírně překvapená, když viděla dveře
and over the door was written that it was her room
a nad dveřmi bylo napsáno, že je to její pokoj
she opened the door hastily
spěšně otevřela dveře
and she was quite dazzled with the magnificence of the room
a byla docela oslněna velkolepostí pokoje
what chiefly took up her attention was a large library
co upoutalo její pozornost především, byla velká knihovna
a harpsichord and several music books
cembalo a několik hudebních knih
"Well," said she to herself
"No," řekla si pro sebe
"I see the Beast will not let my time hang heavy"
"Vidím, že bestie nenechá můj čas viset těžký"
then she reflected to herself about her situation
pak se zamyslela nad svou situací
"If I was meant to stay a day all this would not be here"
"Kdybych měl zůstat jeden den, tohle všechno by tu nebylo"
this consideration inspired her with fresh courage
tato úvaha ji inspirovala čerstvou odvahou

and she took a book from her new library
a vzala si knihu ze své nové knihovny
and she read these words in golden letters:
a přečetla tato slova zlatým písmem:
"Welcome Beauty, banish fear"
"Vítej krásko, zažeň strach"
"You are queen and mistress here"
"Tady jsi královna a milenka"
"Speak your wishes, speak your will"
"Řekni svá přání, řekni svou vůli"
"Swift obedience meets your wishes here"
"Rychlá poslušnost zde splňuje vaše přání"
"Alas," said she, with a sigh
"Běda," řekla s povzdechem
"Most of all I wish to see my poor father"
"Nejvíc ze všeho si přeji vidět svého ubohého otce"
"and I would like to know what he is doing"
"a rád bych věděl, co dělá"
As soon as she had said this she noticed the mirror
Jakmile to řekla, všimla si zrcadla
to her great amazement she saw her own home in the mirror
ke svému velkému úžasu spatřila v zrcadle svůj vlastní domov
her father arrived emotionally exhausted
její otec přijel citově vyčerpaný
her sisters went to meet him
její sestry mu šly naproti
despite their attempts to appear sorrowful, their joy was visible
navzdory jejich pokusům tvářit se smutně byla jejich radost viditelná
a moment later everything disappeared
za chvíli vše zmizelo
and Beauty's apprehensions disappeared too
a obavy z krásy zmizely také
for she knew she could trust the Beast

protože věděla, že té bestii může věřit
At noon she found dinner ready
V poledne našla večeři připravenou
she sat herself down at the table
sama se posadila ke stolu
and she was entertained with a concert of music
a byla pobavena koncertem hudby
although she couldn't see anybody
i když nikoho neviděla
at night she sat down for supper again
v noci zase seděla k večeři
this time she heard the noise the Beast made
tentokrát zaslechla hluk, který zvíře vydávalo
and she could not help being terrified
a neubránila se strachu
"Beauty," said the monster
"Krása," řekla příšera
"do you allow me to eat with you?"
"Dovolíš mi jíst s tebou?"
"do as you please," Beauty answered trembling
"Dělej, jak chceš," odpověděla kráska chvějící se
"No," replied the Beast
"Ne," odpověděla bestie
"you alone are mistress here"
"ty jediná jsi tady paní"
"you can send me away if I'm troublesome"
"Můžeš mě poslat pryč, když ti budu dělat potíže"
"send me away and I will immediately withdraw"
"pošli mě pryč a já se okamžitě stáhnu"
"But, tell me; do you not think I am very ugly?"
"Ale řekni mi, nemyslíš si, že jsem moc ošklivá?"
"That is true," said Beauty
"To je pravda," řekla kráska
"I cannot tell a lie"
"Nemohu lhát"
"but I believe you are very good natured"

"Ale věřím, že máš velmi dobrou povahu"
"I am indeed," said the monster
"Opravdu jsem," řekl netvor
"But apart from my ugliness, I also have no sense"
"Ale kromě své ošklivosti nemám ani rozum"
"I know very well that I am a silly creature"
"Moc dobře vím, že jsem hloupé stvoření"
"It is no sign of folly to think so," replied Beauty
"To není známka pošetilosti si to myslet," odpověděla kráska
"Eat then, Beauty," said the monster
"Tak jez, krásko," řekla příšera
"try to amuse yourself in your palace"
"zkuste se zabavit ve svém paláci"
"everything here is yours"
"všechno tady je tvoje"
"and I would be very uneasy if you were not happy"
"A byl bych velmi neklidný, kdybys nebyl šťastný."
"You are very obliging," answered Beauty
"Jsi velmi ochotný," odpověděla kráska
"I admit I am pleased with your kindness"
"Přiznávám, že jsem potěšen vaší laskavostí"
"and when I consider your kindness, I hardly notice your deformities"
"a když uvážím tvou laskavost, sotva si všimnu tvých deformací"
"Yes, yes," said the Beast, "my heart is good
"Ano, ano," řekla bestie, "mé srdce je dobré
"but although I am good, I am still a monster"
"ale i když jsem dobrý, jsem stále monstrum"
"There are many men that deserve that name more than you"
"Je mnoho mužů, kteří si toto jméno zaslouží víc než ty."
"and I prefer you just as you are"
"a mám tě radši takového, jaký jsi"
"and I prefer you more than those who hide an ungrateful heart"
"a mám tě radši než ty, kteří skrývají nevděčné srdce"

"if only I had some sense," replied the Beast
"Kdybych tak měl trochu rozumu," odpovědělo zvíře
"if I had sense I would make a fine compliment to thank you"
"Kdybych měl rozum, udělal bych pěkný kompliment, abych ti poděkoval"
"but I am so dull"
"ale já jsem tak tupý"
"I can only say I am greatly obliged to you"
"Mohu jen říct, že jsem ti velmi zavázán"
Beauty ate a hearty supper
kráska snědla vydatnou večeři
and she had almost conquered her dread of the monster
a téměř porazila svůj strach z monstra
but she wanted to faint when the Beast asked her the next question
ale chtěla omdlít, když se jí bestie zeptala na další otázku
"Beauty, will you be my wife?"
"Krásko, budeš moje žena?"
she took some time before she could answer
chvíli trvalo, než mohla odpovědět
because she was afraid of making him angry
protože se bála, že ho rozzlobí
at last, however, she said "no, Beast"
nakonec však řekla "ne, bestie"
immediately the poor monster hissed very frightfully
okamžitě chudák netvor velmi děsivě zasyčel
and the whole palace echoed
a celý palác se rozléhal
but Beauty soon recovered from her fright
ale krása se brzy vzpamatovala ze svého strachu
because Beast spoke again in a mournful voice
protože bestie znovu promluvila truchlivým hlasem
"then farewell, Beauty"
"tak sbohem, krásko"
and he only turned back now and then

- 24 -

a jen tu a tam se otočil
to look at her as he went out
aby se na ni podíval, když vyšel ven
now Beauty was alone again
teď byla krása zase sama
she felt a great deal of compassion
cítila velký soucit
"Alas, it is a thousand pities"
"Běda, je to tisíc lítosti"
"anything so good natured should not be so ugly"
"nic tak dobré povahy by nemělo být tak ošklivé"
Beauty spent three months very contentedly in the palace
kráska strávila tři měsíce velmi spokojeně v paláci
every evening the Beast paid her a visit
každý večer ji zvíře navštívilo
and they talked during supper
a povídali si během večeře
they talked with common sense
mluvili zdravým rozumem
but they didn't talk with what people call wittiness
ale nemluvili s tím, čemu lidé říkají důvtip
Beauty always discovered some valuable character in the Beast
kráska vždy objevila nějakou cennou postavu ve zvířeti
and she had gotten used to his deformity
a na jeho deformaci si zvykla
she didn't dread the time of his visit anymore
už se nebála času jeho návštěvy
now she often looked at her watch
teď se často dívala na hodinky
and she couldn't wait for it to be nine o'clock
a nemohla se dočkat, až bude devět hodin
because the Beast never missed coming at that hour
protože šelma nikdy nezmeškala příchod v tu hodinu
there was only one thing that concerned Beauty
krása se týkala jen jedné věci

every night before she went to bed the Beast asked her the same question
každou noc, než šla spát, se jí bestie zeptala na stejnou otázku
the monster asked her if she would be his wife
netvor se jí zeptal, jestli bude jeho manželkou
one day she said to him, "Beast, you make me very uneasy"
jednoho dne mu řekla: "Besto, velmi mě zneklidňuješ"
"I wish I could consent to marry you"
"Kéž bych mohl souhlasit, abych si tě vzal"
"but I am too sincere to make you believe I would marry you"
"ale jsem příliš upřímný, abych tě donutil věřit, že bych si tě vzal"
"our marriage will never happen"
"naše manželství nikdy nevznikne"
"I shall always see you as a friend"
"Vždy tě budu vidět jako přítele"
"please try to be satisfied with this"
"zkuste se s tím prosím spokojit"
"I must be satisfied with this," said the Beast
"Musím se s tím spokojit," řekla bestie
"I know my own misfortune"
"Znám své vlastní neštěstí"
"but I love you with the tenderest affection"
"ale miluji tě tou nejněžnější náklonností"
"However, I ought to consider myself as happy"
"Nicméně bych se měl považovat za šťastného"
"and I should be happy that you will stay here"
"A měl bych být rád, že tu zůstaneš"
"promise me never to leave me"
"slib mi, že mě nikdy neopustíš"
Beauty blushed at these words
krása se při těchto slovech začervenala
one day Beauty was looking in her mirror
jednoho dne se kráska dívala do zrcadla
her father had worried himself sick for her

její otec měl o ni strach
she longed to see him again more than ever
toužila ho znovu vidět víc než kdy jindy
"I could promise never to leave you entirely"
"Mohl bych slíbit, že tě nikdy úplně neopustím"
"but I have so great a desire to see my father"
"Ale já mám tak velkou touhu vidět svého otce"
"I would be impossibly upset if you say no"
"Byl bych neskutečně naštvaný, kdybys řekl ne"
"I had rather die myself," said the monster
"Raději jsem zemřel sám," řekl netvor
"I would rather die than make you feel uneasiness"
"Raději bych zemřel, než abych tě přiměl cítit neklid"
"I will send you to your father"
"Pošlu tě k tvému otci"
"you shall remain with him"
"zůstaneš s ním"
"and this unfortunate Beast will die with grief instead"
"a toto nešťastné zvíře místo toho zemře žalem"
"No," said Beauty, weeping
"Ne," řekla kráska a plakala
"I love you too much to be the cause of your death"
"Miluji tě příliš moc na to, abych byl příčinou tvé smrti"
"I give you my promise to return in a week"
"Slibuji ti, že se vrátím za týden."
"You have shown me that my sisters are married"
"Ukázal jsi mi, že mé sestry jsou vdané"
"and my brothers have gone to the army"
"a moji bratři šli do armády"
"let me stay a week with my father, as he is alone"
"nech mě zůstat týden se svým otcem, protože je sám"
"You shall be there tomorrow morning," said the Beast
"Budeš tam zítra ráno," řekla bestie
"but remember your promise"
"ale pamatuj si svůj slib"
"You need only lay your ring on a table before you go to

bed"
"Než půjdete spát, stačí položit prsten na stůl."
"and then you will be brought back before the morning"
"a pak tě před ránem přivedou zpátky"
"Farewell dear Beauty," sighed the Beast
"Sbohem drahá krásko," povzdechla si bestie
Beauty went to bed very sad that night
kráska šla té noci spát velmi smutná
because she didn't want to see Beast so worried
protože nechtěla vidět bestii tak ustaranou
the next morning she found herself at her father's home
druhý den ráno se ocitla v domě svého otce
she rung a little bell by her bedside
zazvonila na zvoneček u její postele
and the maid gave a loud shriek
a služebná hlasitě zaječela
and her father ran upstairs
a její otec vyběhl nahoru
he thought he was going to die with joy
myslel si, že umře radostí
he held her in his arms for quarter of an hour
držel ji v náručí čtvrt hodiny
eventually the first greetings were over
nakonec první pozdravy skončily
Beauty began to think of getting out of bed
kráska začala myslet na to, že vstane z postele
but she realized she had brought no clothes
ale uvědomila si, že si nepřinesla žádné oblečení
but the maid told her she had found a box
ale služebná jí řekla, že našla krabici
the large trunk was full of gowns and dresses
velký kufr byl plný rób a šatů
each gown was covered with gold and diamonds
každá róba byla pokryta zlatem a diamanty
Beauty thanked Beast for his kind care
kráska děkovala zvíře za jeho laskavou péči

and she took one of the plainest of the dresses
a vzala si jedny z nejprostších šatů
she intended to give the other dresses to her sisters
ostatní šaty hodlala dát svým sestrám
but at that thought the chest of clothes disappeared
ale při té myšlence truhla s oblečením zmizela
Beast had insisted the clothes were for her only
bestie trvala na tom, že šaty jsou jen pro ni
her father told her that this was the case
její otec jí řekl, že to tak bylo
and immediately the trunk of clothes came back again
a hned se zase vrátil kufr oblečení
Beauty dressed herself with her new clothes
kráska se oblékla do nových šatů
and in the meantime maids went to find her sisters
a mezitím služky šly najít své sestry
both her sister were with their husbands
obě její sestry byly se svými manžely
but both her sisters were very unhappy
ale obě její sestry byly velmi nešťastné
her eldest sister had married a very handsome gentleman
její nejstarší sestra se provdala za velmi pohledného gentlemana
but he was so fond of himself that he neglected his wife
ale měl se tak rád, že svou ženu zanedbával
her second sister had married a witty man
její druhá sestra se provdala za vtipného muže
but he used his wittiness to torment people
ale svůj důvtip používal k mučení lidí
and he tormented his wife most of all
a svou ženu trápil ze všeho nejvíc
Beauty's sisters saw her dressed like a princess
sestry krásy ji viděly oblečenou jako princeznu
and they were sickened with envy
a byli nemocní závistí
now she was more beautiful than ever

teď byla krásnější než kdy jindy
her affectionate behaviour could not stifle their jealousy
její láskyplné chování nemohlo potlačit jejich žárlivost
she told them how happy she was with the Beast
řekla jim, jak je s tou bestií šťastná
and their jealousy was ready to burst
a jejich žárlivost byla připravena k prasknutí
They went down into the garden to cry about their misfortune
Šli dolů do zahrady plakat nad svým neštěstím
"In what way is this little creature better than us?"
"V čem je to malé stvoření lepší než my?"
"Why should she be so much happier?"
"Proč by měla být o tolik šťastnější?"
"Sister," said the older sister
"Sestro," řekla starší sestra
"a thought just struck my mind"
"Právě mě napadla myšlenka"
"let us try to keep her here for more than a week"
"zkusme ji tu udržet déle než týden"
"perhaps this will enrage the silly monster"
"možná to rozzuří to hloupé monstrum"
"because she would have broken her word"
"protože by porušila slovo"
"and then he might devour her"
"a pak by ji mohl pohltit"
"that's a great idea," answered the other sister
"To je skvělý nápad," odpověděla druhá sestra
"we must show her as much kindness as possible"
"Musíme jí prokázat co nejvíce laskavosti"
the sisters made this their resolution
sestry si toto předsevzali
and they behaved very affectionately to their sister
a ke své sestře se chovali velmi láskyplně
poor Beauty wept for joy from all their kindness
ubohá kráska plakala radostí z vší jejich laskavosti

when the week was expired, they cried and tore their hair
když týden vypršel, plakali a rvali si vlasy
they seemed so sorry to part with her
zdálo se, že je jim líto se s ní rozloučit
and Beauty promised to stay a week longer
a kráska slíbila, že zůstane o týden déle
In the meantime, Beauty could not help reflecting on herself
Kráska se mezitím nemohla ubránit reflexi sama sebe
she worried what she was doing to poor Beast
dělala si starosti, co dělá nebohému zvířeti
she know that she sincerely loved him
ví, že ho upřímně milovala
and she really longed to see him again
a opravdu toužila ho znovu vidět
the tenth night she spent at her father's too
desátou noc strávila také u svého otce
she dreamed she was in the palace garden
zdálo se jí, že je v palácové zahradě
and she dreamt she saw the Beast extended on the grass
a zdálo se jí, že viděla šelmu roztaženou na trávě
he seemed to reproach her in a dying voice
zdálo se, že ji vyčítal umírajícím hlasem
and he accused her of ingratitude
a obvinil ji z nevděku
Beauty woke up from her sleep
kráska se probudila ze spánku
and she burst into tears
a propukla v pláč
"Am I not very wicked?"
"Nejsem moc zlý?"
"Was it not cruel of me to act so unkindly to the Beast?"
"Nebylo to ode mě kruté, chovat se tak nelaskavě k té bestii?"
"Beast did everything to please me"
"zvíře udělalo vše, aby mě potěšilo"
"Is it his fault that he is so ugly?"
"Je to jeho chyba, že je tak ošklivý?"

"Is it his fault that he has so little wit?"
"Je to jeho chyba, že má tak málo důvtipu?"
"He is kind and good, and that is sufficient"
"Je laskavý a dobrý, a to stačí"
"Why did I refuse to marry him?"
"Proč jsem si ho odmítla vzít?"
"I should be happy with the monster"
"Měl bych být šťastný s tou příšerou"
"look at the husbands of my sisters"
"Podívejte se na manžele mých sester"
"neither wittiness, nor a being handsome makes them good"
"ani důvtip, ani krásná bytost je nedělá dobrými"
"neither of their husbands makes them happy"
"žádný z jejich manželů je nedělá šťastnými"
"but virtue, sweetness of temper, and patience"
"ale ctnost, sladkost nálady a trpělivost"
"these things make a woman happy"
"tyto věci dělají ženu šťastnou"
"and the Beast has all these valuable qualities"
"a zvíře má všechny tyto cenné vlastnosti"
"it is true; I do not feel the tenderness of affection for him"
"Je to pravda; necítím k němu něhu náklonnosti"
"but I find I have the highest gratitude for him"
"ale zjišťuji, že za něj mám největší vděčnost"
"and I have the highest esteem of him"
"a velmi si ho vážím"
"and he is my best friend"
"a je to můj nejlepší přítel"
"I will not make him miserable"
"Neudělám ho nešťastným"
"If were I to be so ungrateful I would never forgive myself"
"Kdybych byl tak nevděčný, nikdy bych si to neodpustil"
Beauty put her ring on the table
kráska položila prsten na stůl
and she went to bed again
a šla zase spát

scarce was she in bed before she fell asleep
sotva byla v posteli, než usnula
she woke up again the next morning
druhý den ráno se znovu probudila
and she was overjoyed to find herself in the Beast's palace
a byla nesmírně šťastná, že se ocitla v paláci šelmy
she put on one of her nicest dress to please him
oblékla si jedny ze svých nejhezčích šatů, aby ho potěšila
and she patiently waited for evening
a trpělivě čekala na večer
at last the wished-for hour came
přišla vytoužená hodina
the clock struck nine, yet no Beast appeared
hodiny odbily devět, přesto se neobjevila žádná šelma
Beauty then feared she had been the cause of his death
kráska se tehdy bála, že byla příčinou jeho smrti
she ran crying all around the palace
běhala s pláčem po celém paláci
after having sought for him everywhere, she remembered her dream
poté, co ho všude hledala, vzpomněla si na svůj sen
and she ran to the canal in the garden
a běžela ke kanálu v zahradě
there she found poor Beast stretched out
tam našla ubohou šelmu nataženou
and she was sure she had killed him
a byla si jistá, že ho zabila
she threw herself upon him without any dread
vrhla se na něj beze strachu
his heart was still beating
jeho srdce stále tlouklo
she fetched some water from the canal
nabrala trochu vody z kanálu
and she poured the water on his head
a vylila mu vodu na hlavu
the Beast opened his eyes and spoke to Beauty

zvíře otevřelo oči a promluvilo ke kráse
"You forgot your promise"
"Zapomněl jsi na svůj slib"
"I was so heartbroken to have lost you"
"Bylo mi tak zlomené srdce, že jsem tě ztratil"
"I resolved to starve myself"
"Rozhodl jsem se hladovět"
"but I have the happiness of seeing you once more"
"ale mám to štěstí tě ještě jednou vidět"
"so I have the pleasure of dying satisfied"
"takže mám to potěšení zemřít spokojený"
"No, dear Beast," said Beauty, "you must not die"
"Ne, drahé zvíře," řekla kráska, "nesmíš zemřít"
"Live to be my husband"
"Žít jako můj manžel"
"from this moment I give you my hand"
"od této chvíle ti podávám ruku"
"and I swear to be none but yours"
"a přísahám, že nebudu nikdo jiný než tvůj"
"Alas! I thought I had only a friendship for you"
"Běda! Myslel jsem, že pro tebe mám jen přátelství."
"but the grief I now feel convinces me;"
"ale smutek, který teď cítím, mě přesvědčuje."
"I cannot live without you"
"Nemohu bez tebe žít"
Beauty scarce had said these words when she saw a light
kráska sotva řekla tato slova, když spatřila světlo
the palace sparkled with light
palác zářil světlem
fireworks lit up the sky
ohňostroj rozzářil oblohu
and the air filled with music
a vzduch plný hudby
everything gave notice of some great event
vše upozorňovalo na nějakou velkou událost
but nothing could hold her attention

ale nic nemohlo udržet její pozornost
she turned to her dear Beast
obrátila se ke svému drahému zvířeti
the Beast for whom she trembled with fear
šelma , o kterou se třásla strachem
but her surprise was great at what she saw!
ale její překvapení bylo velké, co viděla!
the Beast had disappeared
bestie zmizela
instead she saw the loveliest prince
místo toho viděla toho nejkrásnějšího prince
she had put an end to the spell
ukončila kouzlo
a spell under which he resembled a Beast
kouzlo, pod kterým připomínal šelmu
this prince was worthy of all her attention
tento princ byl hoden veškeré její pozornosti
but she could not help but ask where the Beast was
ale nemohla se nezeptat, kde ta šelma je
"You see him at your feet," said the prince
"Vidíš ho u svých nohou," řekl princ
"A wicked fairy had condemned me"
"Zlá víla mě odsoudila"
"I was to remain in that shape until a beautiful princess agreed to marry me"
"Měl jsem zůstat v této podobě, dokud krásná princezna souhlasila, že si mě vezme."
"the fairy hid my understanding"
"Víla skryla mé porozumění"
"you were the only one generous enough to be charmed by the goodness of my temper"
"Byl jsi jediný dostatečně velkorysý na to, aby tě okouzlila dobrota mé povahy"
Beauty was happily surprised
kráska byla šťastně překvapena
and she gave the charming prince her hand

a podala okouzlujícímu princi ruku
they went together into the castle
šli spolu do hradu
and Beauty was overjoyed to find her father in the castle
a kráska byla nadšená, když našla svého otce na hradě
and her whole family were there too
a byla tam i celá její rodina
even the beautiful lady that appeared in her dream was there
dokonce tam byla i ta krásná dáma, která se jí objevila ve snu
"Beauty," said the lady from the dream
"krása," řekla paní ze snu
"come and receive your reward"
"přijďte a získejte svou odměnu"
"you have preferred virtue over wit or looks"
"dal jsi přednost ctnosti před vtipem nebo vzhledem"
"and you deserve someone in whom these qualities are united"
"a zasloužíš si někoho, v kom jsou tyto vlastnosti sjednoceny"
"you are going to be a great queen"
"budeš velká královna"
"I hope the throne will not lessen your virtue"
"Doufám, že trůn nezmenší tvou ctnost"
then the fairy turned to the two sisters
pak se víla obrátila k oběma sestrám
"I have seen inside your hearts"
"Viděl jsem uvnitř tvých srdcí"
"and I know all the malice your hearts contain"
"A já vím všechnu zlobu, kterou tvé srdce obsahuje"
"you two will become statues"
"vy dva se stanete sochami"
"but you will keep your minds"
"ale zachováš si mysl"
"you shall stand at the gates of your sister's palace"
"budeš stát u bran paláce své sestry"
"your sister's happiness shall be your punishment"
"Štěstí tvé sestry bude tvým trestem"

"you won't be able to return to your former states"
"nebudeš se moci vrátit do svých bývalých států"
"unless, you both admit your faults"
"pokud oba nepřiznáte své chyby"
"but I am foresee that you will always remain statues"
"Ale předvídám, že vždy zůstanete sochami"
"pride, anger, gluttony, and idleness are sometimes conquered"
"pýcha, hněv, obžerství a lenost jsou někdy poraženy"
"but the conversion of envious and malicious minds are miracles"
" ale obrácení závistivých a zlomyslných myslí jsou zázraky"
immediately the fairy gave a stroke with her wand
víla okamžitě pohladila hůlkou
and in a moment all that were in the hall were transported
a za chvíli byli všichni, co byli v hale, transportováni
they had gone into the prince's dominions
odešli do princova panství
the prince's subjects received him with joy
knížete poddaní přijali s radostí
the priest married Beauty and the Beast
kněz se oženil s kráskou a zvířetem
and he lived with her many years
a žil s ní mnoho let
and their happiness was complete
a jejich štěstí bylo úplné
because their happiness was founded on virtue
protože jejich štěstí bylo založeno na ctnosti

The End
Konec

www.tranzlaty.com

www.ingramcontent.com/pod-product-compliance
Lightning Source LLC
Chambersburg PA
CBHW012013090526
44590CB00026B/3993